Tal pessoa,
tal médium!

Tal pessoa, tal médium!
Influência das qualidades morais na prática mediúnica

Hermínio C. Miranda Pedro Camilo

Lachâtre

© 2019 Hermínio Miranda e Pedro Camilo

Instituto Lachâtre
Bosco, 44, Mooca – CEP 03105-020
São Paulo – SP
Telefone: 11 2277-1747
Site: www.lachatre.org.br
E-mail: editora@lachatre.org.br

Programação visual da capa:
FERNANDO CAMPOS

1ª edição – Junho de 2019
Do 1º ao 4000º exemplar

A reprodução parcial ou total desta obra, por qualquer meio, somente será permitida sob autorização por escrito da editora.
(Lei n° 9.610 de 19.02.1998)

Impresso no Brasil
Presita en Brazilo

CIP-BRASIL. CATALOGAÇÃO NA FONTE

Miranda, Hermínio Correa de, 1920 – 2013; Camilo, Pedro, 1981 – .
   Tal pessoa, tal médium! – Influência das qualidades morais na prática mediúnica / Miranda, Hermínio C. e Camilo, Pedro – 1ª ed. – São Paulo, SP: Lachâtre, 2018.

   112 p.
   ISBN: 978-85-8291-076-4

   1.Espiritismo. 2. Mediunidade. 3.Moral do médium. I. Título.

   CDD 133.9   CDU 133.7

⁜ Sumário

Apresentação, 9

**Primeira Parte – O médium e o artista, 13
(Hermínio Miranda)**

O médium e o artista, 15

Temperamento, 21

**Segunda Parte – Médiuns imperfeitos &
bons médiuns, 27
(Pedro Camilo)**

A condição moral do médium, 29

Existe médium perfeito?, 35

Médiuns imperfeitos, 43

Médiuns obsidiados, fascinados e subjugados, 44

Médiuns levianos, 46

Médiuns de má-fé, 46

Médiuns indiferentes, 47

Médiuns egoístas, 48

Médiuns presunçosos e invejosos, 50

Médiuns orgulhosos e suscetíveis, 54

Médiuns mercenários e ambiciosos, 62

Bons médiuns, 71

Médiuns sérios, 72

Médiuns modestos, 75

Médiuns devotados, 76

Médiuns seguros, 81

Terceira Parte – Considerações finais (de um e do outro, 87 (Hermínio Miranda & Pedro Camilo)

Reforma moral, 89

Tal pessoa, tal médium, 99

Referências, 109

Apresentação

Na madrugada do dia 07 de maio de 2019, acordei às 2h com uma ideia insistente na cabeça: escrever um pequeno livro, à semelhança de um opúsculo, sobre as qualidades morais dos médiuns, assunto tratado por Allan Kardec em *O livro dos médiuns*. Era uma ideia persistente, intensa, com um projeto pronto a se desenhar, com todas as características daqueles que "não são nossos". Como era madrugada e eu estava muito cansado, rendi-me ao sono.

Na madrugada do dia seguinte, dia 08, novamente me vi "sacudido" às 2h, dessa vez com o projeto mais delineado e com uma espécie de 'comando': encontrar, no livro *Diversidade dos carismas*, três textos que de certo modo se enquadravam na abordagem que eu desejava fazer. Mas... quais eram os textos?

Percorri todo o sumário do livro por três vezes sem encontrar, até que, na quarta vez, uma voz objetiva indicou: "É aí que estão os textos". Era o capítulo XVIII do livro, que trata do "Desenvolvimento mediúnico".

Somente então me dei conta de que o pequeno livro seria mais um a integrar a coleção que estabelece parcerias com escritos de Hermínio Corrêa de Miranda. O primeiro foi *A tarefa dos enxovais*, com Orson Peter Carrara; o segundo, *Os 'obsessores': gente como a gente*, que contou com minha participação. E o terceiro é este, *Tal pessoa, tal médium!* – Influência das qualidades morais na prática mediúnica.

* * *

Partindo da metáfora do médium e o artista, Hermínio Miranda inicia o capítulo XVIII de *Diversidade dos carismas* humanizando o médium ao tratar do assunto desenvolvimento mediúnico. Nessa construção, ele pontua as semelhanças que existem entre um médium e um artista, para considerar, mais à frente, ao tratar do temperamento do médium que, enquanto ao artista pouco importa suas qualidades morais, no médium essas qualidades são pedras de toque na condução de suas vivências.

As lições de Hermínio aqui trazidas foram escritas a propósito do desenvolvimento mediúnico. Daí porque a/o leitora/o não deve estranhar as abordagens feitas nesse sentido, devendo contextualizá-las no recorte feito no presente livro, como tive o cuidado de fazer.

Por minha vez, parti das lições de Hermínio, que lembra a importância do cultivo das qualidades morais para que se possa classificar alguém como "grande médium" ou "bom médium", e fui buscar a classificação dos médiuns segundo suas qualidades morais, proposta por Kardec em *O livro dos médiuns*. Assim, apresentamos os chamados médiuns imperfeitos e os bons médiuns, considerando as qualidades que os caracterizam e, algumas vezes, estabelecendo conexões entre elas.

Por fim, nas "considerações finais de um e de outro", Hermínio retorna falando sobre "Reforma moral" em cotejo com o desenvolvimento mediúnico, ao passo que encerro com o título "Tal pessoa, tal médium", que dá nome ao livro.

Esperamos, eu "do lado de cá" e o Hermínio "do lado de lá", que estas modestas anotações possam algo acrescentar aos seus estudos sobre mediunidade. E caso você também seja médium ostensivo, que contribuam para que você construa, a cada dia um pouco mais, a sua condição de bom médium!

Salvador, 14 de maio de 2019

Pedro Camilo

Primeira Parte

O médium e o artista

Hermínio Miranda

✺ O MÉDIUM E O ARTISTA

Ocorre-me, com frequência, comparar o médium a um artista, a começar, como é óbvio, pela sensibilidade mais aguda que a ambos caracteriza. Não apenas o médium tem algo do artista, mas o artista tem muito do médium pela sua faculdade de captar inspirações sutilíssimas, em verdadeiros transes, para desenvolvê-las posteriormente no trabalho sofrido da elaboração. E até nisto podemos observar as simetrias, pois é no trabalho da interpretação e da tradução da mensagem mediúnica ou artística que se revela o bom médium ou o bom artista, ou seja, no processo da comunicação. Por isso tantos artistas sofrem ao contemplar a pobreza dos resultados obtidos na obra realizada, em confronto com a beleza imaterial do original, tal como concebido na mente. O mesmo se poderá dizer do médium. Não é fácil 'materializar', em toda a sua pureza original, numa mensagem psicofônica ou psicográfica, o pensamento do espírito manifestante de elevada condição evolutiva.

Emmanuel nos oferece uma ideia dessa dificuldade quando se viu ante a contingência de reproduzir, em toscas palavras do vocabulário humano, uma exortação do Cristo a um grupo de espíritos que acabavam de se libertar da carne, após sofrimentos inauditos, nos primeiros momentos do cristianismo nascente. Escreve ele, por Chico Xavier em *Há dois mil anos*:

> De modo algum se poderia traduzir, fielmente, na Terra, a beleza nova da sua palavra eterna, substância de todo o amor, de toda a verdade e de toda a vida, mas constitui para nós um dever, neste esforço, lembrar a sua ilimitada sabedoria, ousando reproduzir, imperfeitamente e de leve, a essência de sua lição divina naquele momento

> inesquecível. (XAVIER; EMMANUEL, 1989)

O experimentado espírito faz o possível para reproduzir o pensamento do Cristo, mas está bem consciente de que a sua 'tradução' é precária, em face da grandeza do original. É como o artista que, ao contemplar um quadro vivo de indescritível beleza e harmonia, só disponha de um pincel, uma tela e poucas tintas, com o que não conseguirá reproduzir o que vê. Ou um compositor que, percebendo em exaltado estado de sensibilidade, toda uma sinfonia ou uma sonata, só disponha para reproduzi-la de sete notas e alguns recursos convencionais e simbólicos, com os quais tem de trabalhar intensamente para fazê-los expressarem um pouco do muito que ele percebeu nos planos rarefeitos do pensamento.

Também como o médium, o artista começa com manifestações esparsas de seu talento e de seu gosto por esta ou aquela atividade e, como muitos médiuns, ele deixa, às vezes, de atender ao chamamento ou vocação, abandonando sem cultivo faculdades que provavelmente tenha vindo programado para exercer na Terra. E, também como os médiuns, se deseja realizar sua tarefa e quer fazê-la bem, precisa submeter-se ao aprendizado das técnicas correspondentes à disciplina, ao treinamento, à busca de informações, ao estudo teórico e prático de tudo quanto possa oferecer algum interesse para aquilo que deseja fazer.

Mais uma simetria pode ser citada: tanto no artista como no médium, a estrutura é a mesma, ou seja, a sensibilidade, mas as manifestações devem ser apenas acompanhadas, nunca forçadas, neste ou naquele sentido. Como a água que desce das nascentes montanhosas, ela é que decide, pela lei básica da gravidade, que rumo seguir na direção do mar. Não adianta o médium forçar o desenvolvimento da psicografia se a sua condição está voltada para a doação magnética de energias através do passe magnético. Ou ficar anos a fio experimentando com a mediunidade dita de incorporação (psicofonia), se está programado para a psicovidência, ou para os fenômenos de efeitos físicos.

Da mesma forma, o artista deve deixar que seus talentos encontrem seus próprios meios de expressão material. Para que forçar o talento musical, por exemplo, se o desenho ou a pintura estão praticamente 'explodindo' nele ou nela?

Estava já escrito este capítulo, quando encontrei no livro de Colin Wilson, *Mysteries*, conceitos semelhantes, colhidos em Brunler, segundo o qual não apenas médiuns e artistas se assemelham no nível mental e na sensibilidade, como podem (e devem), segundo ele, ser treinados para desenvolver adequadamente suas faculdades.

Outra observação pessoal posso oferecer, a propósito das conexões das faculdades artísticas e mediúnicas: no que me foi possível apurar, verifiquei que alguns excelentes médiuns de meu conhecimento foram, em passadas existências, não menos excelentes artistas: músicos, poetas, escultores ou pintores.

✳ TEMPERAMENTO

Há, contudo, uma diferença fundamental entre o médium e o artista: enquanto no artista é apenas desejável que ele seja uma pessoa equilibrada, serena, sensata, no médium isto é fundamental. Muitos artistas têm tido temperamento insuportável, vaidades incontroladas, moral duvidosa ou arrogâncias lamentáveis e, nem por isso, deixam de produzir obras geniais. Quanto ao médium, por melhor que seja seu desempenho como médium, seu trabalho será logo posto em xeque e estará sujeito a complicações desagradáveis se não for amparado por um razoável padrão de comportamento. Isto porque ele não trabalha com objetos artísticos materializados que de certa forma independem do seu temperamento e de suas condições éticas.

O médium tem como objeto de seu trabalho seres humanos, de um lado e de outro; espíritos e homens. Sua matéria-prima é a emoção viva, o pensamento atuante, a ação e reação espírito/matéria. Ele trabalha com o tecido vivo, com o coração palpitante dos seres que o cercam.

O artista limita-se a aprender a dominar uma técnica especial, enquanto que o médium precisa aprender também a dominar impulsos emocionais, a fim de que a mensagem que passa por ele, vinda de alguém no plano do espírito e destinada a alguém no plano da matéria, não se contamine com as suas próprias paixões e desacertos íntimos. Ele terá de ser como o lápis bem apontado, com o grafite na consistência própria, na cor certa, ou o aparelho de som dotado de dispositivos de alta fidelidade para que a boa gravação não seja reproduzida com distorções, zumbidos e estáticas que a tornem irreconhecível. Deve se esforçar para que a mesma qualidade de som existente na gravação-fonte seja a que se reproduz nos autofalantes, com toda a fidelidade e autenticidade possíveis.

A mediunidade em si não apresenta, a meu ver, dificuldades na fase inicial, desde que não sejam criadas pelo médium ou por aqueles que se incumbem de ajudá-lo no desenvolvimento de suas faculdades. Ele deve ser assistido, orientado e esclarecido nas suas dúvidas, mas não compelido a este ou aquele processo. Não apenas o seu ritmo próprio e pessoal de desenvolvimento deve ser respeitado, mas também não se deve forçá-lo a cuidar de uma forma de mediunidade quando a que está aflorando é outra. Se é ele que está tentando forçar uma faculdade, simplesmente porque a deseja ou acha que lhe dará maiores projeções, então, sim, deve ser advertido, com franqueza e cordialidade, dos riscos que corre. Deve, porém, ser convencido com argumentos e não com ordens para serem cumpridas sem discussão, que é da sua conveniência deixar que as faculdades se desenvolvam naturalmente. **E que seja também desestimulado da ambição prejudicial de querer ser o melhor médium do mundo, dotado de todas as faculdades possíveis, no seu mais alto grau de perfeição.** Nem os atletas nem os artistas ambicionam tanto. O que eles desejam, usualmente, é serem bons naquilo que fazem, serem os melhores nas atividades de sua escolha. Na mediunidade, não há disputa de campeonatos nem medalhas de ouro ao vencedor, porque não há vencedores, no sentido de que um médium possa suplantar outros. **Na mediunidade, ganha aquele que serve na obscuridade, modestamente, com devotamento e honestidade.**

Quando ouço falar que alguém é "um grande médium", fico logo de pé no freio. Existem grandes médiuns? Mediunidade é grandeza? Muita gente avalia os médiuns pelos fenômenos espetaculares que podem produzir ou pela ampla variedade de faculdades que exibem. Quanto a mim, não é isso que busco num médium. Ele, ou ela, pode até dispor de ampla faixa de sensibilidades – que isto não é defeito –, mas prefiro aquele que, embora dotado de faculdades várias, dedica-se modestamente a uma ou duas para exercê-las bem e com dedicação.

Segunda Parte

Médiuns imperfeitos & bons médiuns

Pedro Camilo

A CONDIÇÃO MORAL DO MÉDIUM

Comparar o médium com um artista foi uma percepção bem interessante de Hermínio Miranda. De fato, em ambos há sensibilidade "além da curva", que se esforça por registrar e traduzir aspectos da realidade que, por vezes, não só escapam às pessoas ditas 'comuns', como também esbarram nas dificuldades da própria linguagem de que dispomos, quase sempre inadequada ou insuficiente para expressar o quanto é apreendido pelos canais da percepção.

Essa metáfora encontra um eco curioso quando se analisa o aspecto moral de um e de outro. Lembra Hermínio que, "enquanto no artista é apenas desejável que ele seja uma pessoa equilibrada, serena, sensata, no médium isto é fundamental". Naturalmente que o escriba não afirma que equilíbrio, serenidade e sensatez são condições indispensáveis para que se seja médium, mas que tais requisitos são "fundamentais" para um bom desempenho, um bom emprego da mediunidade. Aliás, é isso mesmo o que aprendemos com Allan Kardec (2003, p. 329) e os espíritos que o secundaram, nesta pergunta que inaugura, em *O livro dos médiuns*, o capítulo que trata "Da influência moral do médium":

> 226. 1ª O desenvolvimento da mediunidade guarda relação com o desenvolvimento moral dos médiuns?

> "Não; a faculdade propriamente dita se radica no organismo; independe do moral. O mesmo, porém, não se dá com o seu uso, que pode ser bom, ou mau, conforme as qualidades do médium."

Tivemos oportunidade de discutir a pergunta e a resposta no livro *Mediunidade: para entender e refletir*, demonstrando que, diferente da interpretação habitual dessa passagem, nem Kardec nem os espíritos afirmam que a mediunidade é uma "faculdade orgânica", mas sim, que o seu desenvolvimento depende, sim, de um organismo – corpo físico – mais ou menos predisposto a isso. Para não estendermos demais essa discussão, além do que o espaço destas páginas permitem, remetemos o leitor às páginas do citado livro.

O que nos interessa aqui, na resposta dada a Kardec, é perceber duas coisas: primeiro, que não é a condição moral do indivíduo que o credencia para ser médium; segundo, embora o desenvolvimento moral não determine o desenvolvimento da mediunidade, o aspecto moral guarda relação direta com o uso da mediunidade.

Ninguém é médium, ou mais ou menos médium, por ser mais ou menos avançado moralmente. Ser médium e desenvolver a mediunidade são independentes do desenvolvimento moral do indivíduo. É-se médium de forma natural, para além de o indivíduo ser uma boa ou uma má pessoa, para sermos claros, embora reconhecendo que ninguém é só bom ou só mau.

No entanto, conforme as qualidades morais do indivíduo, ou a predominância destas ou daquelas características, a mediunidade será bem ou mal empregada, servindo a interesses exclusivamente pessoais ou sendo posta a serviço do bem comum, da coletividade. **Assim, as qualidades morais do médium irão determinar o seu bom uso, com repercussões favoráveis ao próprio médium e àqueles que se beneficiem de seu trabalho, ou o seu abuso, podendo trazer prejuízos para quem se serve do médium e sérios comprometimentos para ele próprio.**

É nesse ponto que as palavras de Hermínio ganham sentido. Para o artista, é desejável que seja uma pessoa equilibrada, serena e sensata, mas, mesmo que não seja, o produto de seu trabalho poderá ser bom, útil e expressivo. Sabemos de artistas que lidaram com sérias questões pessoais, com conflitos acerbos, como Vincent van Gogh e Henri de Toulouse-Lautrec, para citar dois no campo da pintura, e que nem por isso deixaram de ser excelentes artistas, atualmente reconhecidos e valorizados mundialmente. É como afirma Chico Buarque, na música "Choro bandido": "mesmo miseráveis os poetas os seus versos serão bons".

No âmbito da mediunidade, porém, é "fundamental" que o médium seja equilibrado, sereno e sensato, porque o uso ou o abuso da mediunidade está diretamente ligado à condição da própria pessoa que atua – o médium. Um médium desequilibrado, conturbado e insensato, conquanto possa apresentar boa qualidade de execução do fenômeno, dificilmente produzirá bons resultados quanto ao aproveitamento das forças mediúnicas. Já um médium melhor ajustado pode até não ter excelência na execução do fenômeno, mas apresentará bons resultados, pois direcionará suas possibilidades psíquicas para o bem.

Assim, para ser um bom médium, é imprescindível ser "uma pessoa equilibra, serena e sensata". E aqui há um importante detalhe, que deixo registrado rapidamente como uma pista: Hermínio fala em "uma pessoa", o que nos lembra que o médium, antes de ser médium, é uma pessoa, um ser humano, e que a forma de "ser humano" é inseparável da maneira de "ser médium".

✺ Existe médium perfeito?

Ao questionar a validade de se chamar alguém de "um grande médium", Hermínio assevera que "muita gente avalia os médiuns pelos fenômenos espetaculares que podem produzir ou pela ampla variedade de faculdades que exibem", com se a "grandeza" da mediunidade estivesse ligada não só à quantidade de faculdades mediúnicas presentes em um só indivíduo, como também ao tipo e à quantidade de fenômenos produzidos.

Esses equívocos são muito comuns e atrapalham não só a vida das pessoas em geral, que têm contato com médiuns e mediunidades, como também complicam a vida dos próprios médiuns. Lembrando a metáfora do artista e do médium, enquanto no campo das artes a multiplicidade de dons pode ser um fator de maior distinção, credenciando o artista a múltiplas habilidades, no campo da mediunidade não é a quantidade de dons que distingue o medianeiro, mas o bom emprego daquele ou daqueles que detenha. A quantidade de dons indica a possibilidade de execução diversificada – apenas isso.

Também não é na quantidade de fenômenos que se encontra a "grandeza mediúnica". Pouco importa se o indivíduo, ainda que dentro de uma ou duas especialidades, tenha produzido muito – 'incorporado' tantos espíritos, psicografado tantos livros, produzido muitas curas ou pintado muitos quadros, por exemplo. A quantidade de fenômenos indica a possibilidade de uma execução intensificada – apenas isso.

Ainda menos indicativo de "grandeza" é o tipo de mediunidade. Há faculdades que despertam mais interesse e que, consequentemente, induzem a erros de apreciação nesse quesito. Assim é, por exemplo, com as faculdades de psicografia, de vidência e de psicopictografia – pintura mediúnica. Há pessoas e médiuns que se deslumbram ante a fidelidade ao estilo do espírito comunicante, ou diante da riqueza de detalhes na descrição de uma visão psíquica, ou mesmo com a qualidade de recepção de um belo quadro psicopictografado. Mas a qualidade do fenômeno produzido indica uma execução mais precisa, mais elaborada – apenas isso.

Nenhum desses fatores é indicativo de "um grande médium" ou, quiçá, de um "médium perfeito". Aliás, "qual o médium que se poderia qualificar de perfeito?" Essa pergunta, proposta aos espíritos por Allan Kardec (2003, p. 333), encontrou a seguinte resposta, registrada nas páginas de *O livro dos médiuns*:

> "Perfeito, ah! bem sabes que a perfeição não existe na Terra, sem o que não estaríeis nela. Dize, portanto, bom médium e já é muito, por isso que eles são raros. Médium perfeito seria aquele contra o qual os maus Espíritos jamais ousassem

> uma tentativa de enganá-lo. O melhor é aquele que, simpatizando somente com os bons Espíritos, tem sido o menos enganado."

As ponderações dos espíritos começam de modo interessante. Considerando que foi Kardec quem questionou, a primeira parte da resposta parece direcionada a ele mesmo, quando se afirma que, se a perfeição existisse na Terra, "não estaríeis nela". Os espíritos lembram ao mestre francês algo que muitos de nós precisamos lembrar, sempre: ele não era perfeito...

Após afirmarem que não existe médium perfeito, os espíritos sugerem o designativo "bom médium", mas ainda assim afirmam que isso "já é muito, por isso que eles são raros". Sempre que releio essa passagem fico a pensar não só em mim e na minha insipiência, como também em tantos medianeiros que conhecemos, por aí, que se consideram "bons", quando até Jesus recusou o título de bom, afirmando que bom era Deus.

E por que não existe médium perfeito? Primeiro, porque "a perfeição não existe na Terra". Segundo, porque somente seria perfeito aquele médium "contra o qual os maus Espíritos jamais ousassem uma tentativa de enganá-lo". Que colocação formidável! O médium perfeito, que seria, naturalmente, expressão de uma "pessoa" perfeita – fica aqui mais uma pista –, teria tal ascendência sobre os espíritos ignorantes ou perversos que inibiria qualquer tentativa sobre si. Na verdade, tais espíritos sequer ousariam o que quer que fosse, tamanha a distância que haveria entre eles e esse "médium perfeito".

Como não há perfeição entre nós, muito menos médium perfeito, "o melhor é aquele que, simpatizando somente com os bons Espíritos, tem sido o menos enganado". E então surge uma pergunta incômoda, mas necessária: quem de nós, na atual conjuntura evolutiva, terá simpatia "somente com os bons Espíritos"? Quem de nós poderá dizer-se imune às más influências, internas e externas, seja pelos ecos do passado reencarnatório, seja pelas construções da presente existência?

Entretanto, ainda que esse "melhor médium" simpatize somente com os espíritos bons, isso não lhe garantirá privilégios ou imunidade absoluta; ainda assim, ele será "o menos enganado". Isso significa que, por melhor que seja o médium, ele estará sujeito não só a se enganar, a cometer erros por si mesmo, como a ser engando, ou seja, ludibriado pelos espíritos.

E essa regra vale para TODOS os médiuns que conhecemos, sem exceção. Se estamos ou estivemos, TODOS, encarnados aqui, na Terra, e se não há perfeição entre nós, a regra é, sim, válida para TODOS. Pensar assim nos ajuda a humanizar os médiuns e facilitar, inclusive, o seu trabalho na mediunidade.

Então vejamos: se não há médiuns perfeitos, se os bons são raros e se os melhores são os que, simpatizando senão com os bons espíritos, têm sido menos vezes enganados, em que classificação poderíamos nos reconhecer?

Em *O livro dos médiuns*, ao estudar as especialidades mediúnicas, Kardec apresenta uma classificação dos médiuns segundo suas "qualidades morais". Lá, além de se referir a quatro características do que ele chama de "bons médiuns", elenca uma lista com treze características dos "médiuns imperfeitos".

Para nossos estudo, é indispensável examinarmos essas classificações kardequianas, a começar pelos médiuns imperfeitos, para avaliarmos "em que passo da estrada" nos encontramos e, também, para termos dimensão das boas qualidades a consolidar, credenciando-nos para atingir as três condições que Hermínio considera fundamentais no médium: equilíbrio, serenidade e sensatez.

⁕ Médiuns imperfeitos

As qualidades morais não determinam que alguém seja médium ou que, em sendo, tenha a possibilidade de desenvolver suas faculdades. No entanto, são fatores delineadores do uso ou do abuso da mediunidade, conforme os contextos e as possibilidades.

Nesse sentido, e considerando "a influência que as boas e as más qualidades dos médiuns podem exercer na segurança das comunicações", Allan Kardec apresenta um importante quadro com as características morais dos médiuns imperfeitos e dos bons médiuns, sendo que, nas linhas seguintes, nos ocuparemos, a princípio, daquelas que se referem aos primeiros, os ditos imperfeitos.

Não seguiremos, para tanto, a ordem das características conforme disposta por Kardec. Julgamos por bem, a nosso critério, reagrupar algumas delas por semelhança, a fim de ganharem abordagem mais integrada, bem como antecipar a menção de outras, sem que, com isso, desconsideremos a opção feita pelo mestre francês.

MÉDIUNS OBSIDIADOS, FASCINADOS E SUBJUGADOS

As três primeiras características estudadas por Kardec dizem respeito aos três estágios da obsessão que ele apresenta em *O livro dos médiuns*: obsessão simples, fascinação e subjugação. Conquanto não sejam classificações propriamente baseadas em qualidades morais, elas ali figuram porque o processo obsessivo deriva e se alimenta das brechas morais de cada um, representando uma consequência possível das imperfeições.

Os *médiuns obsidiados*, vitimados por obsessão simples, são "os que não podem desembaraçar-se de Espíritos importunos e enganadores, mas não se iludem". Tratando-se de obsessão do tipo simples, embora nem sempre sejam "simples casos de obsessão", nelas o médium sabe que se encontra 'embaraçado' pela atuação dos obsessores e, conforme seja mais ou menos sensato, sempre colocará à prova tudo quanto obtenha mediunicamente.

Já os *médiuns fascinados* "são iludidos por Espíritos enganadores e se iludem sobre a natureza das comunicações que recebem". São os mais difíceis de lidar, porque não percebem o estado em que se encontram; acreditam-se secundados por espíritos elevados, por estarem cegos, e terminam por comprometer as tarefas que teriam a desempenhar.

"Os que sofrem uma dominação moral e, muitas vezes, material da parte de maus Espíritos" são os *médiuns subjugados*. Podem até guardar clareza do processo em que se encontram, mas não possuem suficiente força moral para resistir às investidas dos obsessores. Uma das consequências possíveis é a insistência na manifestação de um único espírito, que o domina e impede a aproximação de quaisquer outros. Terminam por frustrar qualquer aproveitamento útil de suas faculdades.

MÉDIUNS LEVIANOS

Leviandade é sinônimo de insensatez, de irreflexão. Levianas são as pessoas que não levam nada a sério, que desdenham das situações graves da vida, que desconsideram as implicações do que dizem, fazem e pensam.

Pessoas levianas serão *médiuns levianos*, aqueles "que não tomam a sério suas faculdades e delas só se servem por divertimento, ou para futilidades".

São levianos, assim, aqueles que, embora se saibam médiuns, fazem pouco caso de suas faculdades, até mesmo com desdém. Também é leviano quem usa a mediunidade para brincadeiras irresponsáveis, tais como a brincadeira do copo ou do compasso, bem como quem a emprega para proporcionar espetáculos circenses ou assemelhados.

MÉDIUNS DE MÁ-FÉ

Há pessoas que, embora possuam determinadas faculdades mediúnicas, ainda assim tenham necessidade de simular aquelas que não detêm, impulsionados pelos mais variados motivos?

A reposta é sim. São os *médiuns de má-fé*, aqueles "que, possuindo faculdades reais, simulam as de que carecem, para se darem importância. Não se podem designar pelo nome de médium as pessoas que, nenhuma faculdade mediúnica possuindo, só produzem certos efeitos por meio da charlatanaria".

Enquadra-se aqui, por exemplo, quem, embora psicógrafo ou psicofônico, finge ser vidente ou audiente por imaginar que tais faculdades lhe confiram maior respeito e notoriedade, seja no grupo em que atua, seja no meio social.

Kardec faz a ressalva de que só pode ser chamado de médium de má-fé quem detiver alguma mediunidade e simula outras. Aqueles que não são médiuns de modo algum, mas fingem ser, são charlatães, estão fraudando o fenômeno.

MÉDIUNS INDIFERENTES

É muito comum, no exercício mediúnico, que os médiuns recebam instruções que se referem aos mais variados assuntos, como sobre as questões históricas, científicas, filosóficas e morais. Essas instruções podem estar destinadas ao grupo em que atuam, a pessoas que solicitaram algum tipo de esclarecimento aos espíritos ou ao próprio médium.

Mesmo quando não destinadas diretamente a ele, o médium sempre pode – e deve – tomar para sim tudo aquilo que produz na mediunidade. Contudo, Kardec lembra que há *médiuns indiferentes*, "os que nenhum proveito moral tiram das instruções que obtêm e em nada modificam o proceder e os hábitos". São pessoas que ignoram suas próprias fragilidades, consciente ou inconscientemente, e que, graças a isso, terminam por não aproveitar para si as lições de que se tornam veículos.

A indiferença não deixa de ser, em grande medida, expressão do orgulho.

MÉDIUNS EGOÍSTAS

O egoísmo está na base de grande parte dos sofrimentos humanos. O egoísta pensa exclusivamente em si, naquilo que lhe convém, sendo, por vezes, incapaz de um exercício de empatia ou, quando conseguem, de ceder da busca de suas vantagens particulares para proporcionar o bem a outra pessoa.

É nesse sentido que Kardec apresenta os *médiuns egoístas* como "os que somente no seu interesse pessoal se servem de suas faculdades e guardam para si as comunicações que recebem".

Será considerado egoísta quem só empregue sua mediunidade para satisfação pessoal, sempre que julgar poder tirar algum proveito da situação, pouco importando as necessidades e os benefícios que possam ser proporcionados a outrem.

Também aqui se enquadra quem não compartilha os frutos de sua mediunidade, talvez por acreditá-los bons demais para serem divididos com quem quer que seja. Contudo, considerando suas más inclinações, bem se deve imaginar que médiuns assim, marcados pelo egoísmo, não devem ser assistidos por espíritos bem intencionados, o que coloca sob suspeita tudo aquilo que obtenham.

MÉDIUNS PRESUNÇOSOS E INVEJOSOS

Os *médiuns presunçosos* são "os que têm a pretensão de se acharem em relação somente com Espíritos superiores. Creem-se infalíveis e consideram inferior e errôneo tudo o que deles não provenha".

A presunção é uma doença moral das mais sérias. Presunçoso é aquele que se considera melhor do que os demais, em beleza, em inteligência, em riqueza... Acredita-se superior e, por isso, menospreza tudo aquilo que não tenha passado por ele, de algum modo.

Em verdade, a presunção, o sentimento de superioridade, esconde um complexo de inferioridade. A presunção surge como uma forma de escamotear o modo como o indivíduo verdadeiramente se sente: menor, inferior aos outros. O modo de lidar com esse sentimento de inferioridade é avançar para o extremo oposto: a pretensão de superioridade, a presunção.

Um médium presunçoso tem comportamentos bem característicos. Desconsidera

qualquer possibilidade de se ver emaranhado a espíritos inferiores, crendo impossível que seja ou esteja obsidiado. Pensa que guarda relação apenas com os espíritos superiores, sendo até possível que sequer se permita o trabalho de socorro espiritual, pois isso o colocaria em contato com espíritos "menores" do que pretende.

Para eles, não existe a possibilidade de errar. Tudo o que obtêm é correto, provindo de esferas superiores e, por esse motivo, não pode ser questionado. Quase sempre também são médiuns suscetíveis, conforme veremos a seguir, pois o menor questionamento quanto àquilo que produzem soa como uma grande ofensa.

Não conseguem permanecer em grupos em que haja médiuns com faculdades tão ou mais precisas do que a deles. Primeiro, porque sentem que poderiam ser colocados à prova, o que não desejam em hipótese alguma. Depois, porque, como se acreditam 'superiores', fogem de qualquer tipo de 'concorrência', pois desejam os 'holofotes' virados exclusivamente para si.

Esses médiuns presunçosos não só "consideram inferior e errôneo tudo o que deles não provenha", como acreditam que os espíritos que se comunicam por seu intermédio não podem se servir de outros médiuns.

Tive a oportunidade de conhecer, no passado, um médium que falava "meus espíritos", quando se referia àqueles que utilizavam sua mediunidade. Ainda que o fizesse em tom de brincadeira, havia nele visível incômodo quando qualquer outro médium, especialmente do grupo em que atuava, relatava contato com espíritos que lhe eram habituais.

Com essa pessoa, tivemos mais de uma 'dificuldade' nesse quesito, nas oportunidades em que atuamos juntos, na condição de médiuns. Certa vez, um médico que o assistia serviu da psicografia para adverti-lo sobre determinada postura que adotava junto ao grupo. Isso foi motivo de mal-estar entre nós por um bom tempo. Em outro momento, psicografei alguns textos na reunião em que ele atuava. 'Inexplicavelmente', ele não permitiu que os textos fossem lidos ao final da reunião, talvez porque soubesse ou intuísse que o conteúdo poderia, de alguma forma, colocá-lo em condição reflexiva, diante de si mesmo e do grupo.

A presunção, quando presente no médium, pode ser acompanhada de outras três características: o orgulho, a suscetibilidade e a inveja.

Quanto à última característica, Kardec diz que *médiuns invejosos* são "os que se mostram despeitados com o maior apreço dispensado a outros médiuns, que lhes são superiores". A inveja caminha lado a lado com a presunção, pois assim como o presunçoso despreza o que não vem por seu intermédio, o invejoso reconhece a atuação distinta de outro médium e, por perceber que seu trabalho fica aquém, enche-se de despeito e, não raro, até mesmo investe tempo e esforço para atrapalhar a tarefa desse outro medianeiro. Trata-se, lamentavelmente, de mais um vestígio daquela inferioridade que o presunçoso tenta esconder, ao se colocar como melhor do que os outros.

Do orgulho e da suscetibilidade, trataremos logo a seguir.

MÉDIUNS ORGULHOSOS E SUSCETÍVEIS

Embora as duas características sejam tratadas por Kardec separadamente, as juntamos aqui porque, em suas próprias palavras, os médiuns suscetíveis constituem uma variedade dos médiuns orgulhosos.

Comecemos pelos *médiuns orgulhosos*, "os que se envaidecem das comunicações que lhes são dadas; julgam que nada mais têm que aprender no Espiritismo e não tomam para si as lições que recebem frequentemente dos Espíritos. Não se contentam com as faculdades que possuem, querem tê-las todas".

Vemos, na definição de Kardec, que os médiuns orgulhosos são, em certa medida, também presunçosos e indiferentes, na medida em que pensam não ter nada mais a aprender com o espiritismo e "não tomam para si as lições que recebem frequentemente dos Espíritos".

A autoilusão que alimentam é tal que ignoram que nem sempre a assistência dos bons espíritos é determinada pelas qualidades morais do médium. Aliás, isso constitui a exceção, considerando as condições do mundo em que nos movimentamos e, consequentemente, dos seus habitantes. Quase sempre a assistência dos bons espíritos é determinada ou pelos laços de afeto nutridos com o médium, ou pela necessidade do próprio trabalho.

No primeiro caso, é o amor que determina o auxílio do espírito reconhecido como elevado. Temos exemplo rico no caso Bezerra de Menezes/Yvonne Pereira. A médium Yvonne afirmava que devia a assistência do espírito Bezerra não por seus méritos pessoais, mas pelos vínculos do passado. Bezerra fora seu pai em uma encarnação e orientador religioso, na condição de padre, em outra. Graças a isso, o *médico dos pobres* lhe devotava um carinho especial, a ela se ligando pelos laços de amor (PEREIRA, 2015).

No segundo caso, que é muito mais frequente do que se supõe, os espíritos estão ligados às tarefas do grupo em que o médium atua ou a determinada causa ou movimento. Encontrando, naquele medianeiro, condições favoráveis para sua atuação, servem-se dele com objetivos específicos, mas não precisamente por suas vastas qualidades morais.

Quem desconhecer esses pormenores e for orgulhoso terá um grande problema nas mãos, aprisionando-se na ilusão de ser mais do que realmente é, pensando-se "agraciado" por certas presenças espirituais por conquistas morais que ainda não consolidou.

Por isso, não há razão plausível que justifique que um médium se envaideça das comunicações que recebe. Textos psicografados, telas de pintura mediúnica, belas mensagens psicofônicas ou produção de efeitos físicos são meritórias para seus reais autores, os espíritos, e não para os médiuns. É como acreditar importante a ponte pela qual passam autoridades respeitadas em determinado local, ignorando que, nesse caso, uma ponte é... uma ponte!

O orgulho também repercute no desejo de ter "todas" as faculdades, ou ao menos o maior número delas. Não sendo possível, esse desejo pode ser porta aberta para a fraude, a simulação, fazendo-o "produzir" criminosamente os fenômenos, a fim de se tornar mais acreditado entre aqueles com quem convive.

Ainda em *O livro dos médiuns*, Kardec (2003, p. 335) teve oportunidade de tratar de modo mais detido do problema do orgulho nos médiuns. Ao tratar "da influência moral do médiuns", no item 228, o mestre francês considerou o seguinte:

> Todas as imperfeições morais são outras tantas portas abertas ao acesso dos maus Espíritos. A que, porém, eles exploram com mais habilidade é o orgulho, porque é a que a criatura menos confessa a si mesma. O orgulho tem perdido muitos médiuns dotados das mais belas faculdades e que, se não fora essa imperfeição, teriam podido tornar-se instrumentos notáveis e muito úteis, ao passo que, presas de Espíritos mentirosos, suas faculdades, depois de se haverem pervertido, aniquilaram-se e mais de um se viu humilhado por amaríssimas decepções.

Na atualidade, essas palavras de Kardec se revelam bastante acertadas. É grande o número de médiuns que se perdem no caminho graças ao orgulho e, o pior de tudo, que levam consigo grande número de "crentes". Tornam-se instrumentos de espíritos mentirosos, pseudossábios, que exploram suas possibilidades e terminam por abandoná-los, quando não são mais úteis aos seus propósitos.

No mesmo capítulo, na sequência do texto transcrito, Kardec (2003, p. 335-6) fala dos sinais que podem revelar que tal o qual médium se fez presa do orgulho:

> Assim, (1) confiança absoluta na superioridade do que obtêm, (2) desprezo pelo que deles não venha, (3) irrefletida importância dada aos grandes nomes, (4) recusa de todo conselho, (5) suspeição sobre qualquer crítica, (6) afastamento dos que podem emitir opiniões desinteressadas, (7) crédito em suas aptidões, apesar de inexperientes:

tais as características dos médiuns orgulhosos.

Mas o médium será o único responsável pela sua desdita? Em outras palavras, qual a contribuição que as pessoas que gravitam ao seu redor podem dar para que lhe sejam incensados o orgulho e a vaidade? É Allan Kardec (2003, p. 336) quem responde:

> Devemos também convir em que, muitas vezes, o orgulho é despertado no médium pelos que o cercam. Se ele tem faculdades um pouco transcendentes, é procurado e gabado e entra a julgar-se indispensável. Logo toma ares de importância e desdém, quando presta a alguém o seu concurso. Mais de uma vez tivemos motivo de deplorar elogios que dispensamos a alguns médiuns, com o intuito de os animar.

Tenhamos muito cuidado com os elogios lançados sobre os médiuns. Somos numerosos aqueles que não resistem à tentação de acreditar que é verdade tudo o que os incautos dizem a nosso respeito...

* * *

Variedade dos médiuns orgulhosos, *médiuns suscetíveis* são os que se suscetibilizam "com as críticas de que sejam objeto suas comunicações; zangam-se com a menor contradição e, se mostram o que obtêm, é para que seja admirado e não para que se lhes dê um parecer. Geralmente, tomam aversão às pessoas que os não aplaudem sem restrições e fogem das reuniões onde não possam impor-se e dominar".

Os médiuns suscetíveis também podem ser chamados de melindrosos, porque é exatamente disso que se trata: o indivíduo se ofende, se ressente de qualquer comentário crítico que lhe seja feito ou às comunicações de que seja intermediário.

É muito comum encontrarmos posturas assim, sobretudo porque não temos a cultura, nos grupos espíritas e mediúnicos, de submeter as produções mediúnicas a meticulosa avaliação, para aperfeiçoamento das práticas. E quando falamos "meticulosa" não desconsideramos que toda crítica, toda observação deve ser feita com urbanidade, com sentimento fraterno, sem acusações ou palavras que possam ofender. Não! Avaliar meticulosamente é submeter tudo quanto se obtém ao crivo da razão, a um exame sério, com o fim de melhor apreender as lições obtidas e, sobretudo, para que se possa aperfeiçoar os métodos de contato com os espíritos.

Na grande maioria dos grupos, nenhum tipo de avaliação é feito das produções mediúnicas e, quando acontecem, acabam extrapolando dos limites da fraternidade e do interesse sincero no aprendizado, descambando para uma forma que termina por expor e ferir os médiuns.

De outro lado, nós também não estamos acostumados a ver aquilo que fazemos, na mediunidade ou fora dela, sob olhar crítico, para que sejam apontadas possíveis falhas ou possíveis acertos. Juntando-se a isso essa faceta do orgulho, a suscetibilidade, e um toque de vaidade, o médium melindroso apenas busca aplausos para o que produz, tomando como inimigo quem porventura aponte incorreções.

Como dito por Kardec, médiuns assim "fogem das reuniões onde não possam impor-se e dominar". Em alguns grupos, há uma preocupação com essa possibilidade – o médium deixar o trabalho no grupo –, motivo pelo qual há quem prefira "ceder" às exigências do médium melindroso a tratar a questão com a seriedade necessária, chegando mesmo a admoestá-lo e, se for o caso, afastá-lo da reunião.

"Mas isso não será falta de caridade?", alguém pode se perguntar. Não, não é falta de caridade. Aliás, é exercê-la com os demais participantes da reunião e com a própria reunião, privando-a da presença de um médium que pode ser causa de estorvo.

E, caso o que digo não pareça suficiente, entreguemos a palavra ao espírito Erasto, que complementa as palavras de Kardec sobre os médiuns suscetíveis:

> Deixai que se vão pavonear algures e procurar ouvidos mais complacentes, ou que se isolem; nada perdem as reuniões que da presença deles ficam privadas.

MÉDIUNS MERCENÁRIOS E AMBICIOSOS

Uma categoria que tem crescido entre nós é a dos *médiuns mercenários*, "os que exploram suas faculdades". São pessoas que optam por verdadeiramente viver da mediunidade, deixando os afazeres profissionais para se tornarem "profissionais do intercâmbio espiritual".

Antes de seguir nessas considerações, é preciso lembrar, aqui, que estamos tratando do assunto "à luz do espiritismo". Tal ressalva é importante porque o espiritismo não é dono da mediunidade, nem possui o único discurso válido sobre ela. Há outras tantas formas de compreender e vivenciar a mediunidade, em outros ramos do conhecimento e mesmo da prática da espiritualidade, em que o contato com o mundo invisível recebe tratamento diferente, abrindo-se espaço para outras interpretações.

Na Europa e na América do Norte, por exemplo, a presença do espiritismo é bastante restrita, em quase sua totalidade, a grupos de brasileiros que lá implantam o seu estudo, exceção feita dos portugueses e dos franceses – estes, aos poucos, têm realizado uma reaproximação do espiritismo, embora sendo estimulados também pela presença de brasileiros. Nessas regiões, outros tantos ramos do espiritualismo têm presença marcante, e em boa parte deles há médiuns que cobram por consultas e vivem de suas práticas mediúnicas.

À luz do espiritismo, partindo-se de seus postulados, entendemos que a mediunidade, não sendo um patrimônio do indivíduo, a sua exploração financeira representaria um desvio de finalidade. Daí porque temos consagrado a ideia do "dar de graça o que de graça se recebe", compreendendo-se, aí, que a nenhum médium é dado o direito de abandonar seus compromissos sociais, de cidadão, para viver exclusivamente da e para a mediunidade.

No entanto, temos visto médiuns 'espíritas' que optam por, literalmente, viver da mediunidade. São pessoas de diversas faixas etárias que, a pretexto de mais se dedicarem ao trabalho no bem, abandonam seus empregos e passam a dedicar seu "horário útil" à prática mediúnica, auferindo retorno financeiro para tanto.

Isso tem sido comum entre alguns médiuns psicógrafos (para livros e para as chamadas 'cartas consoladoras'), médiuns de cura e médiuns de psicopictografia (pintura mediúnica). Segundo dizem, "os espíritos recomendaram que se dedicassem integralmente à tarefa", o que, ao nosso sentir, já indica algo de estranho.

Pensar nisso traz, à lembrança, a figura de Francisco Cândido Xavier, que muitos motivos tinha para deixar o trabalho modesto que assumiu até se aposentar e ao qual, segundo se sabe, nunca faltou por motivo algum, muito menos para "exercer a mediunidade". O que se sabe é que Chico, sem qualquer privilégio dessa natureza, trabalhou até os limites legais para atingir sua aposentadoria, dedicando as horas livres de que dispunha à mediunidade, ainda que isso significasse adentrar a madrugada trabalhando.

Hoje, contudo, por muito menos há quem abandone as atividades convencionais para "servir aos espíritos" quando, na verdade, estão se servindo deles e da credulidade das pessoas para bancarem casas luxuosas, carros do ano, vinhos e comidas caras e viagens de primeira classe em voos internacionais, com direito a caviar, lagosta e espumante...

O que mais preocupa, nessas práticas, é a falta de verdade nos discursos que sustentam. Muitos há que enganam as pessoas, que desconhecem de onde provém sua renda, acreditando que os valores que pagam por livros, quadros e ingressos, ou até mesmo as colaborações que prestam para as instituições, não são destinadas exclusivamente para obras sociais. Se ao menos lhes fosse dito que estão também financiando a vida particular desses médiuns, identificaríamos um mínimo de preocupação ética, deixando a cada um o direito de decidir se quer ou não fazê-lo. Ao contrário, o que se vê é uma exploração da credulidade de pessoas que de fato não sabem o destino dos valores que desembolsam.

O fato de explorarem suas mediunidades, para usar a expressão kardequiana, não significa que não sejam médiuns ou que falseiem os fenômenos. Contudo, até que ponto se poderá confiar nas suas produções, considerando que pagam suas contas graças a elas e que, sem elas, não conseguirão solver suas despesas? Aliás, esse aspecto é abordado pelo próprio Allan Kardec em *O livro dos médiuns*, ao tratar dos chamados "médiuns interesseiros".

Ali, Kardec lembra que o melhor meio de atestar a lisura das comunicações mediúnicas é o desinteresse do médium. Lembra, também, que os espíritos sérios não estão à disposição vinte e quatro horas por dia para servirem à cobiça, abrindo-se espaço, isso sim, aos espíritos levianos e pseudossábios.

Ele também considera interesseiros os *médiuns ambiciosos*, ou seja, "os que, embora não mercadejem com as faculdades que possuem, esperam tirar delas quaisquer vantagens". Pontua, ainda, que "o interesse nem sempre se traduz pela esperança de um ganho material, mas também pelas ambições de toda sorte, sobre as quais se fundem esperanças pessoais" (KARDEC, 2003, p. 482), tais como um relacionamento amoroso, a manipulação de filhos e companheiros, bem como prestígio social.

Ainda quanto aos médiuns mercenários, modalidade dos interesseiros, acompanhemos as palavras do mestre francês:

> Dir-se-á, talvez, que um médium, que consagra todo o seu tempo ao público, no interesse da causa, não o pode fazer de graça, porque tem que viver. Mas, é no interesse da causa, ou no seu próprio, que ele o emprega? Não será, antes, porque vê nisso um ofício lucrativo? A tal preço, sempre haverá gente dedicada. Não tem então ao seu dispor senão

essa indústria? (KARDEC, 2003, p. 483)

Por mais que o médium afirme que o faz "em nome da causa", bem sabemos o quanto as motivações inconscientes determinam nossas ações, quase sempre camufladas pela racionalização. Em verdade, podemos sustentar um discurso que, na prática, esconde desejos que talvez nem tenhamos ideia de que existam...

Com sua reconhecida ponderação, Kardec considera possível que haja médiuns mercenários ou interesseiros honestos. Afirma ele:

> Postas de parte estas considerações morais, de nenhum modo contestamos a possibilidade de haver médiuns interesseiros, se bem que honrados e conscienciosos, porquanto há gente honesta em todos os ofícios. Apenas falamos do abuso. Mas, é preciso convir, pelos motivos que expusemos, em que mais razão há para o abuso entre os médiuns retribuídos, do que entre os que, considerando uma graça a faculdade mediúnica, não a utilizam, senão para

prestar serviço. (KARDEC, 2003, p. 485)

Assim, ele lembra que há médiuns honestos que, nada obstante, vivam da mediunidade. Poderíamos incluir entre esses que, embora "médiuns interesseiros", podem ser "honrados e conscienciosos", aqueles que trabalham para os sistemas de justiça criminal nos EUA e na Europa, por exemplo, empregando seus recursos psíquicos para desvendar crimes e identificar os responsáveis. Trata-se de trabalho social de alta relevância e para o qual, de fato, entregam muitas vezes suas horas de lazer e de descanso.

É ainda Kardec (2003, p. 481) quem afirma:

> O grau da confiança ou desconfiança que se deve dispensar a um médium retribuído depende, antes de tudo, da estima que infundam seu caráter e sua moralidade, além das circunstâncias. O médium que, com um fim eminentemente sério e útil, se achasse impedido de empregar o seu tempo de outra maneira e, em consequência, se visse exonerado, não deve ser confundido com o médium especulador, com aquele

> que, premeditadamente, faça da
> sua mediunidade uma indústria.
> Conforme o motivo e o fim, podem,
> pois, os Espíritos condenar, absolver
> e, até, auxiliar. Eles julgam mais a
> intenção do que o fato material.

A lucidez de Kardec não deixa espaço para muitos comentários, aqui. Sim, é possível que haja médiuns interesseiros honestos e que, verdadeiramente impedidos de usar seu tempo de outro modo, vivam da prática mediúnica e sejam bem assistidos, pois os espíritos "julgam mais a intenção do que o fato material". Contudo, como ter clareza nessa avaliação, considerando-se que ninguém é bom juiz em causa própria?

✵ Bons médiuns

Após apresentar as qualidades morais que caracterizam os médiuns imperfeitos, Kardec elenca aquelas que distinguem os que chama de *bons médiuns*.

Como já pudemos discutir, o mestre francês foge da ideia de médiuns perfeitos, condição impossível de ser alcançada no nossos atual estágio. Os espíritos reconhecem, porém, a possibilidade de considerar bom – por ser o melhor a que se pode chegar – "aquele que, simpatizando somente com os bons Espíritos, tem sido o menos enganado".

Veja-se que, mesmo quem se possa reconhecer como "o melhor", por ser bom médium, não está imune a erros, muito menos à investida dos espíritos inferiores. O reconhecimento disso, aliás, é fundamental para que se enquadre nessa classificação.

Curiosamente, enquanto elenca treze características morais dos médiuns imperfeitos, Kardec apresenta quatro que assinalam os bons médiuns, o que demonstra como ainda predomina, em nós, a proximidade do começo da caminhada evolutiva...

Adiante, veremos essas quatro qualidades que marcam o bom médium: seriedade, modéstia, devoção e segurança.

MÉDIUNS SÉRIOS

Seriedade é uma característica que está além da habitual sisudez que o vulgo lhe atribui. Costuma-se pensar que são sérias as pessoas que nunca sorriem ou que se comportam com certa gravidade nas palavras e nos gestos.

Contudo, a seriedade é mais um modo de lidar com a vida e seus múltiplos aspectos do que uma exterioridade. Há pessoas que são naturalmente alegres e bastante sérias naquilo que fazem, suficientemente amadurecidas na condução de suas responsabilidades perante si e os outros.

Segundo Kardec, *médiuns sérios* são "os que unicamente para o bem se servem de suas faculdades e para fins verdadeiramente úteis. Acreditam profaná-las, utilizando-se delas para satisfação de curiosos e de indiferentes, ou para futilidades".

Todo aquele que compreende que, embora possua livre-arbítrio, deve utilizar a mediunidade para o bem, individual e coletivo, dando-lhe direcionamento útil, é um bom médium.

Dedicar-se a ouvir as pessoas e aconselhá-las, com bom senso e discrição; atender aos espíritos necessitados de todo tipo, os chamados sofredores e obsessores; dedicar tempo à aplicação de passes – esses são alguns exemplos de emprego útil da mediunidade, revelando a seriedade do médium.

O médium sério se furta a servir de cobaia para os indiferentes, os fúteis e os meros curiosos. Tudo que não se estribe na compreensão plena dos objetivos da prática mediúnica é por ele rejeitado.

Não se deve confundir, contudo, a curiosidade vã com aquela que motiva os pesquisadores sinceros, aqueles que desejam observar e vivenciar os fenômenos para com eles aprenderem, ao mesmo tempo em que contribuem para seu melhor esclarecimento e para divulgação das verdades espirituais.

A pesquisa mediúnica séria foi o móvel de Kardec e deve nos animar, também na atualidade. Pensar que o tempo das pesquisas passou é alimentar uma ingênua crença de que já sabemos tudo sobre o mundo espiritual, a mediunidade e as questões da espiritualidade. Não sabemos!

Foi graças à curiosidade científica de Allan Kardec que o espiritismo foi consolidado.

O médium sério compreende isso e deve se colocar à disposição para toda iniciativa de pesquisa sincera, em que os pesquisadores, assim como ele, se imbuem de sentimento fraterno e interesse sincero pelo aprendizado e pelo bem.

MÉDIUNS MODESTOS

A modéstia revela alguém isento de vaidade quanto ao valor que se atribui, que sabe sóbrio e é ponderado quanto aos próprios deveres.

Nesse sentido, Allan Kardec define os *médiuns modestos* como "os que nenhum reclamo fazem das comunicações que recebem, por mais belas que sejam. Consideram-se estranhos a elas e não se julgam ao abrigo das mistificações. Longe de evitarem as opiniões desinteressadas, solicitam-nas".

Os médiuns modestos compreendem a extensão da própria atuação e, sobretudo, que o conteúdo que veiculam pertence aos espíritos, e não a eles; por isso, não reclamam, para si, o reconhecimento por tais produções.

Longe de se julgarem infalíveis, reconhecem as próprias limitações, sabendo que podem falhar e que isso vai acontecer, em momentos variados, motivo pelo qual não se consideram absolutamente protegidos contra as investidas dos espíritos mistificadores. Tal compreensão os torna vigilantes, sempre dispostos a rever seus passos para darem o melhor de si.

Em seu exercício de humildade, tais médiuns buscam sempre a opinião daqueles que, judiciosos, possam avaliar suas produções mediúnicas e indicar possíveis desvios. E, se o fazem, não é com o interesse de serem ovacionados, mas sim com o desejo de se aperfeiçoarem, tornando-se instrumentos mais dóceis à ação dos espíritos.

A modéstia é qualidade moral que se opõe, dentre outras, à presunção, à leviandade, ao orgulho e à suscetibilidade. Quem cultiva a modéstia, que bem poderíamos chamar de humildade, atrai a simpatia dos bons espíritos e das pessoas em geral, criando condições favoráveis para o desempenho salutar de seus deveres consigo, com o próximo e com a vida.

MÉDIUNS DEVOTADOS

Os *médiuns devotados*, para Kardec, "compreendem que o verdadeiro médium tem uma missão a cumprir e deve, quando necessário, sacrificar gostos, hábitos, prazeres, tempo e mesmo interesses materiais ao bem dos outros".

A palavra devoção é prenhe de significado religioso, podendo ser associada a zelo pelo sagrado, a um trabalho fervoroso voltado para Deus ou dedicação a um determinado objeto. Às vezes, costuma ser associada, mesmo, a uma espécie de 'fanatismo', na medida em que o devoto entrega-se de corpo e alma ao objeto de sua devoção.

No caso da mediunidade, Kardec começa associando a devoção à existência de uma "missão a cumprir". Tal expressão precisa ser tomada de forma genérica, no sentido de possuir, a mediunidade, uma destinação superior, para além dos interesses momentâneos, passageiros, cabendo ao médium compenetrar-se disso e nela trabalhar com afinco. Do contrário, é fácil cair na ilusão de que, possuindo uma "missão", o médium é a encarnação de um espírito superior, o que pode culminar com a perda da oportunidade de serviço que a presença da mediunidade lhe abre.

A falsa crença em uma "missão divina" tem respondido por muitos fracassos mediúnicos. Quem assim acredita demora-se na condição de médium imperfeito, cultivando presunção, orgulho, fascinação...

A médium Yvonne do Amaral Pereira dá-nos significativo exemplo nesse sentido. Embora a sua conhecida contribuição ao movimento espírita, com obras de inegável valor, como *Memórias de um suicida*, *Devassando o invisível* e *Recordações da mediunidade*, dentre outras ações e posturas que a notabilizaram entre nós, ela por diversas vezes afirmava não ser missionária, mas apenas uma tarefeira, alguém que se dedicava à prática mediúnica por compreender sua importância e a oportunidade de praticar o bem. São suas as seguintes palavras:

> Minha mediunidade se deu pela ação da misericórdia de Deus para me fazer resgatar os meus erros do passado com mais facilidade ou, por outra, com menos sofrimento, porque, se eu tive provações muito fortes a passar, nesta existência, tive, também, a compensação que me deu a mediunidade – porque mediunidade é neutra, ela não é nem boa, nem má; é uma lei da natureza. Compete a nós fazermos dela uma missão, mas, para isso, é preciso muito estudo, muita meditação e uma

orientação perfeita, boa. (PEREIRA, 2015, p. 64).

Conquanto apresente uma visão da mediunidade atrelada aos erros do passado, característica de alguns médiuns brasileiros, Yvonne demonstra bem entender que a ideia de missão, como compreendida pelo vulgo, não ajuda na vivência saudável da mediunidade, motivo pelo qual evita tal designativo para si, modesta como era, embora não desconhecesse o valor do próprio trabalho.

Ainda como efeito dessa devoção, o médium "deve, quando necessário, sacrificar gostos, hábitos, prazeres, tempo e mesmo interesses materiais ao bem dos outros". Isso não significa abrir mão da vida pessoal para se dedicar à mediunidade, como erroneamente se tem pensado.

É certo, sim, que alguns médiuns fizeram a opção por não constituírem família, por exemplo, a fim de mais de entregarem ao trabalho mediúnico. Tal o caso de Francisco Cândido Xavier e Yvonne Pereira, por exemplo. Mas isso não significa que somente assim se alcança a condição de médium devotado.

Todos os que dedicam suas horas ao trabalho mediúnico, conforme suas possibilidades, sacrificam algum interesse para tanto. Deixar o convívio familiar, abrir mão de determinada ocupação profissional, em que se poderia ganhar um pouco mais de dinheiro, reduzir o tempo de lazer (passear, ir ao cinema, ler um livro, estar com amigos) são formas de renúncia que merecem ser vistas como devotamento.

Não é a quantidade de renúncias que importa, mas o quanto elas são significativas para cada pessoa, importando em atos maduros de entrega consciente a objetivos maiores do que os interesses meramente pessoais.

É nisso, e não na "grandiosidade das obras" segundo a concepção geral, que reside o traço distintivo do médium devotado.

MÉDIUNS SEGUROS

Consideram-se *médiuns seguros* "os que, além da facilidade de execução, merecem toda a confiança, pelo próprio caráter, pela natureza elevada dos Espíritos que os assistem; os que, portanto, menos expostos se acham a ser iludidos".

Estar seguro, em segurança, é seguir livre de perigos, com estabilidade, certo daquilo que faz e firme em suas ações. Daí porque Kardec qualifica de seguro o médium que desperta confiança, seja pelo seu caráter, seja pela natureza dos espíritos que o assistem.

É importante que se compreenda essa segurança no contexto das demais qualidades que definem o bom médium, para que não imaginemos que um médium seguro é um médium infalível. Conquanto mereça confiança pelo seu caráter, nenhum médium está isento de falhas, por também ser uma pessoa imperfeita. Quando se fala em "confiança", de modo algum se pretende atribuir infalibilidade ao médium, mas o reconhecimento de que suas qualidades são indicativos de que a sua produção mediúnica merece, no mínimo, um apreço sincero.

Outra observação importante é feita por Kardec, ao mencionar que "esta segurança de modo algum depende dos nomes mais ou menos respeitáveis com que os Espíritos se manifestem" (KARDEC, 2003, p. 282). Um espírito leviano pode usar um nome respeitável para infundir respeito sobre os desavisados, embora o seu conteúdo não esteja à altura de quem procura imitar.

Assim, não são os nomes dos espíritos que indicam estar, o médium, bem assessorado espiritualmente, revelando sua segurança, mas o teor do discurso, dos conselhos, das ações que esses espíritos realizam na tarefa mediúnica.

Os nomes podem impressionar, mas nada significam se as ideias e as ações não se mostram à altura daqueles a quem são atribuídos.

* * *

Voltamos a Yvonne do Amaral Pereira para assinalá-la como exemplo de boa médium.

Ao longo de sua existência, revelou-se séria em sua vivência mediúnica, direcionando suas faculdades para a prática do bem.

Modesta, jamais aceitou ser homenageada ou reconhecida como "grande médium", afirmando-se tarefeira, jamais uma missionária, um espírito superior com atribuições divinas.

Dedicou toda a sua vida ao trabalho na mediunidade, sacrificando inclusive a constituição de uma família e entregando as suas horas disponíveis à parceria com os espíritos, em tarefas como a desobsessão, o socorro a suicidas, a psicografia de livros e de aconselhamentos espirituais, à mediunidade receitista e, também, ao atendimento a espíritos sofredores diversos.

Sua segurança é revelada por seu caráter forte, pela sua coragem em buscar viver aquilo em que acreditava e pela assistência de espíritos que demonstram, sim, estar em condição de serem identificados como espíritos sérios e dignos dos nomes que ostentavam. Tal foi o caso de Bezerra de Menezes, Eurípedes Barsanulfo, Bittencourt Sampaio, Charles, Léon Tolstoi e Léon Denis.

Graças ao cultivo dessas qualidades morais, Yvonne Pereira assim se referia à própria vivência mediúnica:

Obrigada, meu Deus, pela bênção da mediunidade que me concedeste [...]. A chama imaculada que do Alto me mandaste, com a revelação dos pontos da tua Doutrina, a mim confiados para desenvolver e aplicar, eu ta devolvo, no fim da tarefa cumprida, pura e imaculada conforme a recebi: amei-a e respeitei-a sempre, não a adulterei com ideias pessoais porque me renovei com ela a fim de servi-la; não a conspurquei, dela me servindo para incentivo às próprias paixões, nem negligenciei no seu cultivo para benefício do

> próximo, porque todos os meus recursos pessoais utilizei na sua aplicação. Perdoa, no entanto, Senhor, se melhor não pude cumprir o dever sagrado de servi-la, transmitindo aos homens e aos Espíritos menos esclarecidos do que eu o bem que ela própria me concedeu. (PEREIRA, 1992, p. 9)

A médium revela, nessas palavras, o quanto compreendeu as qualidades que a distinguiam como boa médium, pois toda a sua vivência foi orientada não pelo desejo de produzir fenômenos, mas pela compreensão de que não só o uso da mediunidade é influenciado pelas qualidades morais do médium, como também que a prática mediúnica é importante elemento a favorecer a reforma moral que todos buscamos.

Considerações finais
(de um e do outro)

Hermínio Miranda & Pedro Camilo

⁒ Reforma moral

Isto nos leva de volta ao tema central de todo o conceito do chamado desenvolvimento mediúnico. Afinal de contas, o objetivo básico do espiritismo é, segundo Kardec – a reforma moral do indivíduo. O problema fundamental da mediunidade iniciante não está em desenvolvê-la, pois, quando a pessoa vem programada para o trabalho mediúnico, as faculdades correspondentes saberão encontrar seus próprios caminhos para se expressarem. Só precisam ser acompanhadas. No dia em que todos entenderem que a mediunidade é uma faculdade normal do ser humano, como a de desenhar, escrever, cozinhar ou tocar piano, será muito facilitada a tarefa de desenvolvê-la em si mesma e ajudar a desenvolvê-la nos outros. É só deixar que ela siga o seu rumo, dentro do ritmo que lhe é próprio. Ninguém ensina uma planta a crescer ou um recém-nascido a mamar. Para que a planta se desenvolva, precisa apenas que lhe sejam proporcionadas as condições adequadas de terreno, umidade, luz, adubagem, combate às pragas, temperatura apropriada etc.

Crescer, ela sabe fazer sozinha, pois para isso veio programada, desde a semente.

Alguns dirigentes, porém, acham que o médium precisa ser podado neste ou naquele aspecto, ou que tem de trabalhar desta ou daquela maneira, sem abrir os olhos, por exemplo, ou jamais permitir que o espírito manifestante se irrite, ou que não receba mensagens de espíritos considerados importantes, ou que mantenha as mãos sobre a mesa, sem agitar-se. São tantas as restrições e imposições que, em vez de desenvolver-se, a planta se estiola ou cresce torta, anêmica, sem vitalidade. Em vez de disciplina – que é necessária – é preciso evitar que se imponha um regime de opressão que iniba a mediunidade nascente e lhe retire todo o frescor da espontaneidade. Por que razão todos os médiuns têm de ser iguais nas suas manifestações mediúnicas?

Quando se descobre algum talento numa criança, como o da música, por exemplo, ela é estimulada a buscar realizar-se naquilo que faz como que por instinto, que é ouvir, executar ou compor música. É preciso proporcionar-lhe condições para que desenvolva seus talentos, instrumentos para tocar, professores e instrutores que lhe ensinem as diferentes técnicas e a teoria musical de que ela necessita para chegar a expressar-se convenientemente na arte de sua escolha. Seria lamentável, porém, que a obrigassem a tocar piano, se ela quer aprender violino, ou a compor exatamente como Beethoven, porque este foi um grande compositor, ou tocar como Paganini porque este foi um estupendo violinista. O que se deseja dela é que seja uma boa pianista, uma boa compositora ou uma competente violinista, não que adote precisamente este ou aquele padrão arbitrariamente escolhido para ela.

Se o indivíduo é pintor, que pinte com a sua sensibilidade e que aplique aos problemas suscitados na comunicação da sua mensagem artística as soluções que, a seu ver, lhe pareçam mais adequadas; não que pinte no estilo de Van Gogh, Raphael ou Giotto. Ele precisa de telas, pinceis, tintas e de alguém que lhe guie os passos na exploração das técnicas exigidas, mas que lhe seja permitido abrir os seus próprios caminhos.

Na arte, como na mediunidade, a padronização é indesejável. Na realidade, ninguém ensina ao médium como ser médium, tanto quanto ninguém ensina ao artista a ser artista; isso eles são capazes de fazer por si mesmos. No caso do médium, o que se tem a fazer é estimular nele uma boa 'arrumação' da sua mente, uma disciplina de suas emoções, dos seus impulsos e do seu comportamento. Mesmo aí, contudo, a disciplina não deve ser imposta a grito, na base da intolerância, da rigidez intransigente.

O médium precisa de apoio, esclarecimento, compreensão e crítica, certamente construtiva e moderada, firme e amorosa; mas nunca inibidora e sufocante, possessiva e arbitrária. É preciso ajudá-lo a ser, acima de tudo, uma boa pessoa; um ser pacificado e ajustado, tanto quanto lhe permitam suas condições humanas. Conseguido isso, a mediunidade correta será consequência natural e espontânea. O médium não deve ser endeusado e nem escravizado; nem indisciplinado ou inibido.

Se, ao cabo de algum tempo, verificar-se que as faculdades embrionárias que traz no seu psiquismo não se desenvolvem, nesta ou naquela direção, deve ser redirecionado para outro setor de trabalho ou desestimulado a prosseguir forçando a eclosão de faculdades para o exercício das quais não está programado. Sabemos de casos em que, só porque a pessoa, às vezes, ouve vozes ou traça alguns rabiscos no papel, fica presa à mesa mediúnica anos a fio, segurando um lápis diante de uma folha de papel ou esperando que os espíritos se manifestem por 'incorporação'. Pura perda de tempo.

Poderia estar dando passes, talvez, ou visitando doentes em hospitais, ou arrecadando víveres para distribuir aos necessitados, ou ainda, empenhada em alguma tarefa manual no centro que frequenta. Se é verdade que todos temos algum conteúdo mediúnico em potencial, não é menos verdadeiro que nem todos estamos destinados a ser médiuns dessa ou daquela modalidade. Assim é que se perdem muitas oportunidades, dado que ficam criaturas metade da vida à espera de se tornarem, um dia, psicógrafos, por exemplo, e deixam de realizar a tarefa para a qual vieram programadas. E, além do mais, para que tanto psicógrafo? O que não nos faltam são textos psicografados de boa qualidade para estudar e meditar, enquanto sobram, como já vimos, textos que não oferecem a mínima condição de serem aproveitados.

Como pode o leitor observar, voltamos ao mesmo ponto crítico de sempre: o do preparo do médium como pessoa humana. Esse é o aspecto vital em todo o esquema do desenvolvimento da mediunidade. A rigor, médium ele já é desde que renasceu com as programações correspondentes, na trilogia corpo/perispírito/espírito. O que tem ele a fazer para que suas faculdades funcionem a contento é criar em si mesmo condições adequadas de comportamento, de seriedade, de harmonização interior. Nisso é que está o seu programa de ação e o daqueles que se incumbem de orientá-lo e que, muitas vezes, acarretam-lhe ainda mais desorientação.

Ninguém precisa ensinar ao rio que leito escolher, que traçado fazer na face da terra. As águas podem ser disciplinadas e canalizadas; o rio pode ser cortado de pontes; suas águas podem ser preservadas da poluição para que a vida encontre nelas abrigo e sustento; suas cachoeiras podem ser aproveitadas para gerar energia elétrica, mas é preciso deixar que ele siga o seu curso. Ele sabe fazê-lo até que, cumprida a tarefa, suas águas se entregam ao mar imenso.

A diferença de um bom médium e um médium desajustado não está na mediunidade, mas no caráter de um e de outro; na formação moral; no esforço que um faz, e outro não, para criar as condições adequadas de comportamento. Nisso, como vimos, é que diferem os médiuns dos artistas. O compositor emocionalmente desajustado pode produzir uma sinfonia tão bela quanto a de outro companheiro equilibrado e sensato, e ninguém notará diferença alguma de técnica ou de beleza se realmente forem boas sinfonias. O trabalho do médium, nesse ponto, é infinitamente mais delicado, porque suas condições morais afetam definitivamente a qualidade do seu trabalho, num sentido ou noutro, para o bem ou para o mal. Daí a sua responsabilidade e a responsabilidade correspondente daqueles que se propõem a ajudá-lo no desenvolvimento de suas faculdades.

O médium não é apenas um piano que precisa estar bem afinado; ele é um piano que desafina quando não consegue redirecionar seus impulsos negativos e começar, penosamente, a substituí-los por valores novos e positivos. As faculdades mediúnicas ele as recebeu, não como privilégio, mas como responsabilidade e compromisso, no entanto as condições para exercê-las corretamente cabe a ele criar e desenvolver. Não é, pois, a mediunidade que se desenvolve ou se aprende, mas as técnicas de comportamento.

✺ Tal pessoa, tal médium!

Ao longo de todo o livro, deixamos pistas daquilo que entendíamos como questão central dessa discussão: o fato de que médiuns são pessoas e que, conforme sejam boas ou más pessoas, serão bons ou maus médiuns.

Hermínio Miranda deixa isso claro no texto anterior, ao tratar da reforma moral como foco principal do trabalho mediúnico. Embora reconheça o valor, a importância do desenvolvimento das faculdades mediúnicas, ele pondera que o problema fundamental, aqui, é a questão moral, pois ela é a determinante do que se vai fazer com e na mediunidade.

É o "preparo do médium como pessoa humana" o que determinará o seu preparo para a vivência mediúnica. Além de aprender a bem executar a mediunidade, o médium precisa aprender que, para sua atuação saudável, é imprescindível "criar em si mesmo condições adequadas de comportamento, de seriedade, de harmonização interior".

Leviandade, indiferença, egoísmo, orgulho, suscetibilidade, inveja, má-fé, ambição são exemplos de características humanas, não propriamente da mediunidade. Não é à toa que Allan Kardec as trata como adjetivos, qualidades dos médiuns. É o médium – a pessoa que figura como tal – que é leviano ou invejoso, e não a mediunidade em si, que é neutra, como lembrado por Yvonne Pereira.

Pela mesma forma, não existe mediunidade séria, devotada, modesta ou segura, mas médiuns – indivíduos – sérios, devotados, modestos e seguros. São qualidades morais da pessoa que exerce a mediunidade e que, como em tudo o que faz, experiencia os fenômenos psíquicos a eles emprestando o que de melhor possui.

Vimos com Kardec e com Hermínio que as qualidades morais da pessoa humana são de capital importância em sua atuação mediúnica. É delas que dependerá a sua classificação como médium imperfeito ou bom médium.

Importante dizer, também, que de modo algum devemos entender a questão de forma maniqueísta, como se fôssemos ou médiuns imperfeitos, ou bons médiuns. Aliás, já que não existe médium perfeito, como já dito nestas páginas, todos somos, sim, médiuns imperfeitos. Contudo, naqueles em quem as qualidades morais negativas predominam, o traço mais destacado de sua atuação será o das imperfeições. Por outro lado, aquele em quem as boas qualidades morais têm maior peso, que conseguem imprimi-las com maior vigor à própria vida, a atuação mediúnica se mostra diferente, com contornos que favoreçem a ação no bem.

"Tal pessoa, tal médium" também é uma tese sustentada pelo espírito Samuel Bulamarck, no livro *Médium, conhece-te a ti mesmo*, psicografado pelo médium Lindomar Coutinho da Silva. Nele, Samuel aborda diversas questões que são próprias da condição humana da pessoa médium, indicando em que medida repercutem na prática mediúnica e o quanto o conhecimento de si mesmo é, ao mesmo tempo, condição indispensável e consequência inevitável de uma vivência mediúnica saudável.

Dentre as muitas ideias que o livro sustenta, podemos destacar a que se segue e que vem ao encontro do que vimos sustentando aqui. Afirma Samuel Bulamarck (2013, p. 105):

> A melhor legitimação da mediunidade acontece quando o médium é pessoa estável emocionalmente; não vive processos intensos e constantes de disputas pessoais; administra bem as próprias necessidades de querer aparecer, de ser reconhecido e, portanto, de ser a referência.

Quando falamos em médiuns imperfeitos e bons médiuns, buscamos exatamente compreender o que legitima a mediunidade. Essa legitimação não advém da quantidade de faculdades que se possui, do volume de fenômenos produzidos, dos nomes respeitáveis que os espíritos usam ou da grandiosidade das obras sociais que uma pessoa médium tenha erguido ou inspirado. Tais condições não são, de modo algum, uma consequência da quantidade produzida, mas da qualidade do produto que é, em todas as medidas, dependente da qualidade de quem produz.

Também não depende do grau de desenvolvimento das faculdades mediúnicas. Aliás, Hermínio Miranda aborda a questão moral no âmbito do desenvolvimento mediúnico exatamente para marcar essa verdade: por mais que as faculdades de alguém sejam desenvolvidas, possibilitando-lhe facilidade e qualidade na execução dos fenômenos, não é isso o que o transformará em "grande médium" ou em um "bom médium", mas a sua condição íntima, as boas qualidades morais que cultiva e que já tenha consolidado.

Há médiuns, inclusive, que já nascem 'prontos', do ponto de vista do desenvolvimento mediúnico. Suas faculdades já apresentam, desde cedo, características que permitem seu manejo sem a necessidade de frequentar reuniões de desenvolvimento, propriamente ditas. Entretanto, nem isso é sinal de que são bons médiuns, porque tal designativo não se liga, de modo algum, ao grau de desenvolvimento da mediunidade.

Voltando à fala do espírito Samuel Bulamarck, percebemos que ele se refere a aspectos que estão diretamente ligados às qualidades do bom médium: estabilidade emocional, ausência de disputas pessoais, boa administração das próprias necessidades, "do querer aparecer, de ser reconhecido e, portanto, de ser a referência". De outra maneira, ele parece se referir a seriedade, devoção, modéstia e segurança, sobretudo porque tais qualidades marcam pessoas maduras, emocional, psicológica e espiritualmente.

O bom médium não deseja ser seguido, reconhecido e entronizado, pois apenas se considera mais um trabalhador no vasto campo de ações do mundo, oferecendo sua contribuição para a grande engrenagem da vida.

Para fechar nossas considerações, voltemos às páginas de *O livro dos médiuns* para colher a opinião do espírito Sócrates a respeito dessa classificação dos médiuns em imperfeitos e bons. Eis as palavras do grande filósofo, registradas por Kardec (2003, p. 282):

> Este quadro é de grande importância, não só para os médiuns sinceros que, lendo-o, procurarem de boa-fé preservar-se dos escolhos a que estão expostos, mas também para todos os que se servem dos médiuns, porque lhes dará a medida do que podem racionalmente esperar. Ele deverá estar constantemente sob as vistas de todo aquele que se ocupa de manifestações, do mesmo modo que a escala espírita, a que serve de complemento. Esses dois

quadros reúnem todos os princípios da Doutrina e contribuirão, mais do que o supondes, para trazer o Espiritismo ao verdadeiro caminho.

É assim que o conhecimento da escala espírita, presente em *O livro dos espíritos*, bem como das qualidades morais dos médiuns imperfeitos e dos bons médiuns é, na opinião de Sócrates, importante ferramenta para que o médium "conheça-se a si mesmo" e possa, de modo consciente e maduro, fazer as escolhas que tornem mais saudável e rica a sua experiência mediúnica. Na escala espírita, terá oportunidade de identificar a qual das três grandes classes pertence, ou antes, que características nele predominam, chegando mesmo a se 'encontrar' nas especificidade de cada grande classe. A partir do quadro de *O livro dos médiuns*, poderá buscar a equivalência do que identificou na escala espírita e, a partir daí, refletir sobre si, sobre suas condutas e motivações, encontrando espaço para a melhoria indispensável de si mesmo.

"O médium não é apenas um piano que precisa estar bem afinado", lembra Hermínio Miranda; "ele é um piano que desafina quando não consegue redirecionar seus impulsos negativos e começar, penosamente, a substituí-los por valores novos e positivos".

Cabe-nos empreender todos os esforços possíveis para que, na condição de pianos a executar a música dos imortais, estejamos sempre afinados, redirecionando nossos impulsos negativos e substituindo-os pelos valores que, aos poucos, nos possam credenciar como boas pessoas – bons médiuns.

Afinal, estaremos plenamente no caminho de ser bons médiuns, desde que nos esforcemos por ser médiuns bons!

✴ REFERÊNCIAS

CAMILO, Pedro. *Mediunidade: para entender e refletir*. Salvador: Mente Aberta, 2012.

_____. *Yvonne Pereira: uma heroína silenciosa*. 5ª ed. Bragança Paulista: Instituto Lachâtre, 2014.

KARDEC, Allan. *O livro dos médiuns*. Trad. Guillon Ribeiro. 71ª ed. Rio de Janeiro: FEB, 1991.

MIRANDA, Hermínio C. *Diversidade dos carismas*. 6ª ed. Bragança Paulista: 3 de outubro, 2012.

PEREIRA, Yvonne. *Pelos caminhos da mediunidade serena*. 4ª ed. Bragança Paulista: Lachâtre, 2015.

_____. *Recordações da mediunidade*. 7ª ed, Rio de Janeiro, FEB, 1992.

SILVA, Lindomar Coutinho da; BULAMARCK, Samuel. *Médium, conhece-te a ti mesmo*. 2ª ed. Ilhéus: Maiêutica, 2013.

Esta edição foi impressa, em junho de 2019, pela Assahi Gráfica Editora Ltda., de São Bernardo do Campo, SP, sendo tiradas quatro mil cópias em formato fechado 12 x 21 cm, em papel Chambril Book L'D 90 g/m² para o miolo e Ningbo Star C2S L'D 300g/m² para a capa. O texto principal foi composto em Utopia STD 12/15,6. A capa foi elaborada por Fernando Campos.